# Este libro pertenece a

_____

Tengo _____ años.

Fecha:

_____

Mi libro de versículos bíblicos diarios
Nivel uno

Un libro para niños producido por
Editorial La Biblia dice así

PUBLICADO POR
THE BIBLE TELLS ME SO CORPORATION
WWW.THEBIBLETELLSMESO.COM

Primera impresión: diciembre del 2022

# Mi libro de versículos bíblicos diarios

## Nivel uno

Editorial La Biblia dice así

# Una nota para los padres:

El propósito de este libro es ayudarles a tener un tiempo sencillo y animante con sus hijos todos los días en la palabra de Dios (Deuteronomio 11:18-21).

Les animamos a que lean estos versículos a sus hijos a una hora acordada de antemano todos los días (por ejemplo, en la mañana o antes de ir a la cama). Mientras se los leen a sus hijos, seguramente tendrán preguntas en cuanto a lo que significa una palabra en particular o sobre el significado de un versículo en su totalidad. Esto puede dar lugar a muchas charlas cortas y preciosas con sus hijos sobre el versículo. Sin embargo, es mejor no usar estos momentos para dar lecciones largas, sino para tener pequeñas charlas muy sencillas, breves y agradables con su hijo. En algunos casos, les será posible aplicar el versículo de forma sencilla a algo que ocurrió ese día. Tal conversación alentadora de cinco a ocho minutos en torno al versículo, puede hacer que su hijo se sienta en paz, contento y reconfortado por ustedes y por las palabras de la Biblia. Hacer que estos tiempos sean siempre breves y positivos también ayudará a que sus hijos deseen con anticipación tener tales momentos íntimos con ustedes cada día.

Encontrarán que este libro está dividido en secciones cuya compleción sirve como objetivo. Cada sección cubre ocho semanas, y la sección final solo cuatro. Al comienzo de cada sección pueden acordar un premio o una recompensa que ustedes y su hijo (o su familia) disfrutarán juntos una vez logrado el objetivo (por ejemplo, ir a tomar un helado o salir de excursión en familia). Entonces, al alcanzar cada objetivo, pueden recortar el Certificado de Finalización correspondiente a tal meta y colgarlo en la pared de la habitación de su hijo, o pueden dejarlo en el libro, lo que él prefiera.

Mediante este tiempo diario en la Palabra, los niños pueden desarrollar un hábito de lectura de la Biblia y un amor de por vida por la palabra de Dios. Las palabras que reciban en su juventud serán útiles para enseñarles, para redargüirles, para corregirles, y para instruirles en justicia, a fin de que sean cabales y enteramente equipados para toda buena obra (2 Timoteo 3:14-17).

## *Premio Ofrecido*

### por haber cumplido
# ¡EL PRIMER OBJETIVO!

Como recompensa por terminar
tu primer objetivo de 56 versículos,
haremos lo siguiente:

_____

_____

Pon la fecha en que comenzaron
a trabajar para lograr el objetivo:

_____

# Versículos para la *Semana 1*

**Día 1** ☑

**Salmos 127:3**
He aquí, los niños son herencia de Jehová; recompensa es el fruto del vientre.

**Día 2**

**Génesis 1:1**
En el principio creó Dios los cielos y la tierra.

**Día 3**

**Job 26:7**
Él extiende el norte sobre el vacío; cuelga la tierra sobre la nada.

**Día 4**

**Génesis 1:26a**
Entonces dijo Dios: Hagamos al hombre a Nuestra imagen, conforme a Nuestra semejanza.

**Día 5**

**Génesis 1:27**
Y creó Dios al hombre a Su imagen; a imagen de Dios lo creó; varón y hembra los creó.

**Día 6**

**Salmos 119:73a**
Tus manos me han hecho y me han formado.

**Día 7**

**Salmos 139:13**
Porque Tú formaste mis partes internas; me tejiste en el vientre de mi madre.

# Versículos para la *Semana* 2

**Salmos 139:16**

Día **8** ○ ✓

Tus ojos veían mi sustancia aún no formada; y en Tu libro todo estaba escrito: todos los días que me fueron asignados, cuando no existía ninguno de ellos.

❧ ─────────────

**Jeremías 1:5a**

Día **9** ○

Antes que te formara en el vientre, te conocí.

❧ ─────────────

**Efesios 6:1**

Día **10** ○

Hijos, obedeced en el Señor a vuestros padres, porque esto es justo.

❧ ─────────────

**Proverbios 22:6**

Día **11** ○

Instruye al niño respecto al camino en que debe andar, y ni aun de viejo se apartará de él.

❧ ─────────────

**Isaías 54:13**

Día **12** ○

Todos tus hijos serán enseñados por Jehová, y grande será la paz de tus hijos.

❧ ─────────────

**Ezequiel 34:26b**

Día **13** ○

Y haré descender lluvias a su tiempo; serán lluvias de bendición.

❧ ─────────────

**Isaías 41:10a**

Día **14** ○

No temas, porque Yo estoy contigo.

# Versículos para la *Semana 3*

✓
○ **Día 15**
**Proverbios 15:3**
Los ojos de Jehová están en todo lugar, vigilando a los malos y a los buenos.

○ **Día 16**
**Salmos 17:8**
Guárdame como a la niña de Tus ojos; escóndeme a la sombra de Tus alas.

○ **Día 17**
**Jeremías 27:5a**
Yo, con Mi gran poder y con Mi brazo extendido, hice la tierra, y los hombres y los animales que están sobre la faz de la tierra.

○ **Día 18**
**2 Crónicas 15:7**
Sed fuertes y no desfallezcan vuestras manos, pues hay recompensa para vuestra obra.

○ **Día 19**
**Colosenses 3:20**
Hijos, obedeced a vuestros padres en todo, porque esto es grato en el Señor.

○ **Día 20**
**Proverbios 11:13**
El que anda de chismoso revela secretos, mas el de espíritu fiel encubre el asunto.

○ **Día 21**
**Isaías 50:5**
El Señor Jehová me abrió el oído; y yo no fui rebelde, ni me volví atrás.

# Versículos para la *Semana 4*

**Proverbios 14:23**

En todo trabajo hay provecho, mas las vanas palabras conducen sólo a la pobreza.

Día **22** ○ ✓

---

**Eclesiastés 5:5**

Mejor es que no hagas voto, a que hagas voto y no pagues.

Día **23** ○

---

**Habacuc 2:4a**

Ve, el que se hincha de orgullo no tiene el alma recta dentro de sí.

Día **24** ○

---

**Efesios 4:32a**

Sed benignos unos con otros, tiernos, perdonándoos unos a otros.

Día **25** ○

---

**Salmos 139:14**

Te alabaré, porque asombrosa y maravillosamente he sido hecho; Tus obras son maravillosas, y mi alma lo sabe bien.

Día **26** ○

---

**Salmos 136:1**

Dad gracias a Jehová, porque Él es bueno; porque para siempre es Su benevolencia amorosa.

Día **27** ○

---

**1 Tesalonicenses 5:18a**

Dad gracias en todo.

Día **28** ○

# Versículos para la *Semana* 5

✓ **Día**
**29**    **Números 6:24**
Jehová te bendiga y te guarde.

**Día**
**30**    **Proverbios 14:16a**
El sabio teme y se aparta del mal.

**Día**
**31**    **Éxodo 20:7a**
No tomarás el nombre de Jehová tu Dios en vano.

**Día**
**32**    **Génesis 6:9b**
Noé fue un varón justo, irreprensible en sus generaciones; y Noé anduvo con Dios.

**Día**
**33**    **3 Juan 11a**
Amado, no imites lo malo, sino lo bueno.

**Día**
**34**    **Isaías 58:2a**
Con todo me buscan día tras día y se deleitan en conocer Mis caminos.

**Día**
**35**    **Proverbios 13:20**
El que anda con sabios será sabio, mas el compañero de los necios será atribulado.

# Versículos para la *Semana 6*

**Proverbios 15:18**

El hombre iracundo suscita riñas, mas el lento para la ira apacigua las contiendas.

Día ✓

**36** ◯

≈

**Salmos 14:1a**

El necio ha dicho en su corazón: No hay Dios.

Día

**37** ◯

≈

**Proverbios 23:15**

Hijo mío, si tu corazón es sabio, también se regocijará mi corazón.

Día

**38** ◯

≈

**Proverbios 12:10**

El justo se preocupa de la vida de su bestia, mas las partes internas de los malvados son crueles.

Día

**39** ◯

≈

**Génesis 24:18**

[Rebeca] respondió: Bebe, señor mío. Y se dio prisa a bajar su cántaro sobre su mano y le dio beber [a Eliezer].

Día

**40** ◯

≈

**Génesis 24:19**

Cuando [Rebeca] acabó de darle de beber, dijo: También para tus camellos sacaré agua, hasta que acaben de beber.

Día

**41** ◯

≈

**Génesis 24:20**

[Rebeca] se dio prisa y vació su cántaro en el abrevadero, luego corrió otra vez al pozo para sacar agua y sacó para todos sus camellos.

Día

**42** ◯

# Versículos para la *Semana 7*

**Día 43** ✓

**Proverbios 15:25a**
Jehová derribará la casa de los soberbios.

**Día 44**

**Isaías 66:1a**
Así dice Jehová: El cielo es Mi trono, y la tierra estrado de Mis pies.

**Día 45**

**Jeremías 10:12**
Él es quien hizo la tierra con Su poder, el que estableció el mundo con Su sabiduría y extendió los cielos con Su entendimiento.

**Día 46**

**Proverbios 1:10**
Hijo mío, si los pecadores te quieren seducir, no consientas.

**Día 47**

**Proverbios 11:16a**
La mujer que tiene gracia obtiene honra.

**Día 48**

**Proverbios 24:26**
El que da una respuesta recta, besa los labios.

**Día 49**

**Proverbios 4:5**
Adquiere sabiduría, adquiere entendimiento; no te olvides de las palabras de mi boca ni te apartes de ellas.

# Versículos para la *Semana 8*

**Isaías 12:4a**

Dad gracias a Jehová.

Día **50** ○ ✓

---

**Isaías 40:8**

La hierba se seca, la flor se marchita, mas la palabra del Dios nuestro permanece para siempre.

Día **51** ○

---

**Éxodo 20:15**

No hurtarás.

Día **52** ○

---

**Génesis 8:1a**

Entonces se acordó Dios de Noé y de todos los animales y de todos los ganados que estaban con él en el arca.

Día **53** ○

---

**Salmos 104:21**

Los leoncillos rugen tras la presa, y buscan de Dios su comida.

Día **54** ○

---

**Proverbios 11:21**

Ten por seguro: el malvado no quedará sin castigo, pero la descendencia de los justos será librada.

Día **55** ○

---

**Proverbios 1:5a**

A fin de que oiga el sabio y crezca en conocimiento, y el que posee entendimiento adquiera sano consejo.

Día **56** ○

## ¡Felicidades!

Has completado 56 versículos
para lograr el **objetivo número:**

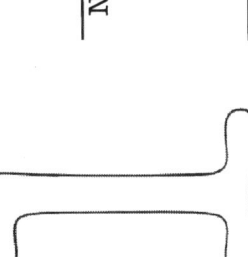

_____
Nombre del niño/a

_____
Firma del padre/madre

_____
Fecha de compleción

*Premio Ofrecido*

**por haber cumplido
¡EL SEGUNDO OBJETIVO!**

Como recompensa por terminar
tu segundo objetivo de 56 versículos,
haremos lo siguiente:

_____

_____

Pon la fecha en que comenzaron
a trabajar para lograr el objetivo:

_____

# Versículos para la *Semana 9*

✓ Día
〇 **57**

**Mateo 5:3**
Bienaventurados los pobres en espíritu, porque de ellos es el reino de los cielos.

Día
〇 **58**

**Mateo 5:4**
Bienaventurados los que lloran, porque ellos serán consolados.

Día
〇 **59**

**Mateo 5:5**
Bienaventurados los mansos, porque ellos recibirán la tierra por heredad.

Día
〇 **60**

**Mateo 5:6**
Bienaventurados los que tienen hambre y sed de justicia, porque ellos serán saciados.

Día
〇 **61**

**Mateo 5:7**
Bienaventurados los misericordiosos, porque ellos recibirán misericordia.

Día
〇 **62**

**Mateo 5:8**
Bienaventurados los de corazón puro, porque ellos verán a Dios.

Día
〇 **63**

**Mateo 5:9**
Bienaventurados los pacificadores, porque ellos serán llamados hijos de Dios.

# Versículos para la *Semana 10*

**Mateo 5:10** — Día **64** ✓ ○

Bienaventurados los que padecen persecución por causa de la justicia, porque de ellos es el reino de los cielos.

🙠 ─────────────────────

**Éxodo 20:3** — Día **65** ○

No tendrás otros dioses delante de Mí.

🙠 ─────────────────────

**Proverbios 22:29a** — Día **66** ○

¿Has visto a un hombre diestro en su trabajo? Delante de los reyes estará.

🙠 ─────────────────────

**Mateo 6:26** — Día **67** ○

Mirad las aves del cielo: no siembran, ni siegan, ni recogen en graneros; y vuestro Padre celestial las alimenta. ¿No valéis vosotros mucho más que ellas?

🙠 ─────────────────────

**Proverbios 13:18** — Día **68** ○

Pobreza y vergüenza vendrán al que rechaza la corrección, pero el que acepta la represión será honrado.

🙠 ─────────────────────

**Proverbios 18:8** — Día **69** ○

Las palabras del que susurra son como bocados suaves, y penetran hasta lo más profundo del ser.

🙠 ─────────────────────

**Proverbios 16:28** — Día **70** ○

El hombre perverso promueve contiendas, y el que susurra separa a los mejores amigos.

# Versículos para la *Semana 11*

✓ **Día 71**
**Jeremías 5:24b**
Temamos ahora a Jehová nuestro Dios, que nos da lluvia...en su tiempo, que guarda para nosotros las semanas señaladas de la cosecha.

**Día 72**
**Proverbios 17:6**
Corona de los viejos son los nietos, y la gloria de los hijos son sus padres.

**Día 73**
**Jeremías 32:33b**
Aunque Yo les enseñaba, madrugando para enseñar; pero no quisieron escuchar para recibir instrucción.

**Día 74**
**Proverbios 11:14**
Donde no hay sano consejo, el pueblo cae, pero en la multitud de consejeros hay seguridad.

**Día 75**
**Job 2:3b**
[Un] varón perfecto y recto, temeroso de Dios y apartado del mal.

**Día 76**
**Proverbios 1:7a**
El temor de Jehová es el principio del conocimiento.

**Día 77**
**Proverbios 3:5**
Confía en Jehová con todo tu corazón y no te apoyes en tu propio entendimiento.

# Versículos para la *Semana 12*

**Lucas 6:36**

**Día 78** ○ ✓

Sed, pues, compasivos, como también vuestro Padre es compasivo.

❧

**Lucas 6:38a**

**Día 79** ○

Dad, y se os dará; medida buena, apretada, remecida y rebosando darán en vuestro regazo.

❧

**Lucas 6:38b**

**Día 80** ○

Porque con la misma medida con que medís, se os volverá a medir.

❧

**Proverbios 11:25**

**Día 81** ○

El alma que bendice a otros prosperará, y el que riega también será regado.

❧

**Proverbios 1:8**

**Día 82** ○

Oye, hijo mío, la instrucción de tu padre, y no rechaces la enseñanza de tu madre.

❧

**Mateo 10:24**

**Día 83** ○

El discípulo no está sobre el maestro, ni el esclavo sobre su señor.

❧

**Lucas 11:28**

**Día 84** ○

Y Él dijo: Antes bienaventurados los que oyen la palabra de Dios, y la guardan.

# Versículos para la *Semana 13*

**Día 85**

**Marcos 9:35b**
Si alguno quiere ser el primero, será el postrero de todos, y el servidor de todos.

**Día 86**

**Mateo 19:14a**
Pero Jesús dijo: Dejad a los niños, y no les impidáis que vengan a Mí.

**Día 87**

**Proverbios 18:10**
Torre fuerte es el nombre de Jehová; a ella corre el justo, y está a salvo.

**Día 88**

**Proverbios 20:11**
Aun el muchacho es conocido por sus hechos, si sus obras son puras y rectas.

**Día 89**

**Filipenses 2:14**
Haced todo sin murmuraciones y argumentos.

**Día 90**

**Proverbios 12:16**
El enojo del necio se conoce al instante, pero el prudente oculta la vergüenza.

**Día 91**

**Proverbios 12:18**
Hay quien habla precipitadamente como dando estocadas de espada, pero la lengua de los sabios brinda salud.

# Versículos para la *Semana 14*

**Salmos 5:6**

Día

**92** ○ ✓

Destruirás a todos los que hablan mentira. Jehová abomina al hombre que derrama sangre y que engaña.

෴ _____

**Salmos 28:7a**

Día

**93** ○

Jehová es mi fuerza y mi escudo; en Él confía mi corazón, y recibo ayuda.

෴ _____

**Salmos 28:7b**

Día

**94** ○

Por tanto, mi corazón exulta; y le doy gracias con mi cántico.

෴ _____

**Proverbios 10:27**

Día

**95** ○

El temor de Jehová prolonga los días, mas los años de los malvados serán acortados.

෴ _____

**Proverbios 17:3**

Día

**96** ○

El crisol es para la plata, y el horno para el oro, mas Jehová prueba los corazones.

෴ _____

**1 Samuel 16:7b**

Día

**97** ○

Porque no se ha de tener en cuenta cómo mira el hombre, pues el hombre sólo ve las apariencias, mas Jehová ve el corazón.

෴ _____

**Hechos 13:22b**

Día

**98** ○

[Dios] dio también testimonio diciendo: He hallado a David hijo de Isaí, varón conforme a Mi corazón, quien hará toda Mi voluntad.

# Versículos para la *Semana 15*

**Día 99**

**Proverbios 20:22**
No digas: Voy a devolver el mal; espera en Jehová, y Él te salvará.

**Día 100**

**Proverbios 29:18**
Donde no hay visión, el pueblo se desenfrena; mas el que guarda la ley es dichoso.

**Día 101**

**Proverbios 4:27**
No te desvíes a la derecha ni a la izquierda; aparta tu pie del mal.

**Día 102**

**Lucas 8:17**
Porque nada hay oculto, que no haya de ser manifestado; ni escondido, que no haya de ser conocido, y de salir a luz.

**Día 103**

**Proverbios 12:4a**
La mujer virtuosa es corona de su marido.

**Día 104**

**Proverbios 11:22**
Como zarcillo de oro en el hocico de un cerdo es la mujer hermosa que carece de discreción.

**Día 105**

**Proverbios 3:7**
No seas sabio a tus propios ojos; teme a Jehová y apártate del mal.

# Versículos para la *Semana 16*

**Proverbios 15:20**
El hijo sabio alegra al padre, mas el
hombre necio menosprecia a su madre.

Día
106 ✓ ○

---

**Génesis 6:22**
Y así lo hizo Noé; conforme a todo lo que
Dios le mandó, así hizo.

Día
107 ○

---

**1 Pedro 2:13a**
Por causa del Señor someteos a toda
institución humana.

Día
108 ○

---

**1 Pedro 2:17**
Honrad a todos. Amad a la hermandad.
Temed a Dios. Honrad al rey.

Día
109 ○

---

**1 Pedro 3:3**
Vuestro atavío no sea el externo de
peinados ostentosos, de adornos de oro o
de vestidos.

Día
110 ○

---

**1 Pedro 3:4**
Sino el del hombre interior escondido en el
corazón, en el incorruptible ornato de un
espíritu manso y sosegado, que es de gran
valor delante de Dios.

Día
111 ○

---

**1 Pedro 3:10**
Porque: "El que desea amar la vida y ver
días buenos, refrene su lengua de mal, y
sus labios de palabras engañosas".

Día
112 ○

# ¡Felicidades!

Has completado 56 versículos para lograr el **objetivo número:**

_____
Nombre del niño/a.

_____
Firma del padre/madre

_____
Fecha de compleción

## Premio Ofrecido

**por haber cumplido**
# ¡EL TERCER OBJETIVO!

Como recompensa por terminar
tu tercer objetivo de 56 versículos,
haremos lo siguiente:

_____

_____

Pon la fecha en que comenzaron
a trabajar para lograr el objetivo:

_____

# Versículos para la *Semana 17*

✓ **Día**
⭕ **113**

**1 Pedro 3:11**
Apártese del mal, y haga el bien; busque la paz, y sígala.

**Día**
⭕ **114**

**1 Pedro 3:14a**
Pero aun si alguna cosa padecéis por causa de la justicia, bienaventurados sois.

**Día**
⭕ **115**

**1 Pedro 4:9**
Hospedaos los unos a los otros sin murmuraciones.

**Día**
⭕ **116**

**1 Juan 2:1a**
Hijitos míos, estas cosas os escribo para que no pequéis.

**Día**
⭕ **117**

**3 Juan 4**
No tengo yo mayor gozo que éste, el oír que mis hijos andan en la verdad.

**Día**
⭕ **118**

**Juan 15:16a**
No me escogisteis vosotros a Mí, sino que Yo os escogí a vosotros.

**Día**
⭕ **119**

**Éxodo 20:12a**
Honra a tu padre y a tu madre.

# Versículos para la *Semana 18*

**Proverbios 26:14**

Como la puerta gira sobre sus quicios, así el perezoso en su cama.

Día
120 ⭕ ✓

❧ ───────────────────

**Proverbios 6:9**

¿Hasta cuándo, perezoso, estarás acostado? ¿Cuándo te levantarás de tu sueño?

Día
121 ⭕

❧ ───────────────────

**Proverbios 13:4**

El alma del perezoso anhela, y no tiene nada; mas el alma de los diligentes será engordada.

Día
122 ⭕

❧ ───────────────────

**Proverbios 15:19**

El camino del perezoso es como un seto de espinos, mas la senda de los rectos es una calzada.

Día
123 ⭕

❧ ───────────────────

**Proverbios 21:25**

El deseo del perezoso lo mata, porque sus manos rehúsan trabajar.

Día
124 ⭕

❧ ───────────────────

**Proverbios 24:30-31a**

Pasé junto al campo del perezoso, y junto a la viña del hombre falto de buen juicio; 31 y he aquí, por toda ella habían crecido espinos.

Día
125 ⭕

❧ ───────────────────

**Proverbios 24:33-34**

Un poco de sueño, dormitar otro poco, otro poco cruzando las manos para reposar, 34 y tu pobreza vendrá sobre ti como ladrón, y tu necesidad como hombre armado.

Día
126 ⭕

# Versículos para la *Semana 19*

## Día 127
**Proverbios 6:6**
Ve a la hormiga, oh perezoso, considera sus caminos, y sé sabio.

## Día 128
**Proverbios 19:24**
El perezoso mete la mano en el plato, y ni aun a su boca la llevará.

## Día 129
**Lucas 18:14b**
Porque todo el que se enaltece, será humillado, pero el que se humilla será enaltecido.

## Día 130
**1 Juan 4:7a**
Amados, amémonos unos a otros; porque el amor es de Dios.

## Día 131
**Salmos 37:21**
El malvado toma prestado y no devuelve, pero el justo es bondadoso y da.

## Día 132
**Salmos 37:26**
Siempre es bondadoso y presta, y su descendencia llega a ser bendición.

## Día 133
**Salmos 41:1**
Bienaventurado el que se preocupa del pobre; en el día del mal Jehová le librará.

# Versículos para la Semana 20

**Proverbios 14:29**

El hombre lento para la ira es grande de entendimiento; pero el de espíritu impaciente exalta la necedad.

Día **134** ✓ ○

❧

**Proverbios 15:1**

La respuesta suave aparta la ira, mas la palabra hiriente hace subir el furor.

Día **135** ○

❧

**Proverbios 19:11**

La discreción del hombre le hace lento para la ira, y su gloria es pasar por alto una transgresión.

Día **136** ○

❧

**Proverbios 22:24**

No hagas amistad con el hombre propenso a la ira, ni te acompañes del colérico.

Día **137** ○

❧

**Proverbios 29:11**

El necio da rienda suelta a toda su ira, mas el sabio la reprime.

Día **138** ○

❧

**Proverbios 14:17a**

El que pronto se enoja obra neciamente.

Día **139** ○

❧

**Proverbios 25:28**

Como ciudad derribada, sin muros, es el hombre cuyo espíritu no tiene rienda.

Día **140** ○

# Versículos para la *Semana 21*

## Día 141
✓
**Proverbios 16:32**
Mejor es el lento para la ira que el poderoso, y el que domina su espíritu que el conquistador de una ciudad.

## Día 142
**Job 22:27a**
Orarás a Él, y Él te oirá.

## Día 143
**Juan 15:12**
Éste es Mi mandamiento: Que os améis unos a otros, como Yo os he amado.

## Día 144
**Salmos 56:11**
En Dios confío; no temeré. ¿Qué puede hacerme el hombre?

## Día 145
**Salmos 56:3**
Cuando tengo miedo, confío en Ti.

## Día 146
**Malaquías 3:16a**
Entonces los que temían a Jehová hablaron uno a otro, cada uno a su prójimo. Y Jehová prestó atención y escuchó.

## Día 147
**Josué 2:11b**
Porque Jehová vuestro Dios, Él es Dios arriba en los cielos y abajo en la tierra.

# Versículos para la Semana 22

**Proverbios 21:24**

Soberbio, altivo y escarnecedor son los nombres del que obra en la arrogancia de su soberbia.

Día
148 ✓ ○

~

**1 Corintios 14:40**

Pero hágase todo decentemente y con orden.

Día
149 ○

~

**Salmos 16:8**

A Jehová he puesto siempre delante de mí; porque Él está a mi diestra, no seré conmovido.

Día
150 ○

~

**Jeremías 31:34b**

Porque todos me conocerán, desde el pequeño de ellos hasta el grande, declara Jehová.

Día
151 ○

~

**Salmos 92:1**

Es bueno dar gracias a Jehová y cantar salmos a Tu nombre, oh Altísimo.

Día
152 ○

~

**Salmos 34:2**

Mi alma se gloría en Jehová; los humildes oyen y se regocijan.

Día
153 ○

~

**Lucas 18:16b**

Dejad a los niños venir a Mí, y no se lo impidáis; porque de los tales es el reino de Dios.

Día
154 ○

# Versículos para la *Semana 23*

**Día 155** ✓
**Lucas 6:31**
Y como queréis que hagan los hombres con vosotros, así también haced vosotros con ellos.

**Día 156**
**Lucas 6:35a**
Amad, pues, a vuestros enemigos, y haced bien, y prestad, no esperando de ello nada; y será vuestro galardón grande.

**Día 157**
**1 Pedro 5:5a**
Igualmente, jóvenes, estad sujetos a los ancianos.

**Día 158**
**1 Pedro 5:5b**
Ceñíos de humildad en el trato mutuo.

**Día 159**
**1 Pedro 5:5c**
Porque Dios resiste a los soberbios, pero a los humildes da gracia.

**Día 160**
**Proverbios 29:23**
La soberbia del hombre le abate, mas el de espíritu humilde obtendrá honores.

**Día 161**
**Proverbios 13:10a**
La soberbia sólo produce discordia.

# Versículos para la $\mathcal{S}$emana 24

**Proverbios 16:18**
Antes de la destrucción viene la soberbia, y antes de la caída, el espíritu altivo.

Día

162 ○ ✓

❧

**Proverbios 21:23**
El que guarda su boca y su lengua, guarda su alma de angustias.

Día

163 ○

❧

**Jacobo 3:5**
Así también la lengua es un miembro pequeño, pero se jacta de grandes cosas. He aquí, ¡cuán grande bosque enciende un pequeño fuego!

Día

164 ○

❧

**Jacobo 3:10**
De una misma boca proceden bendición y maldición. Hermanos míos, esto no debe ser así.

Día

165 ○

❧

**Proverbios 29:20**
¿Has visto hombre precipitado en sus palabras? Más esperanza hay para el necio que para él.

Día

166 ○

❧

**Proverbios 25:11**
La palabra dicha como conviene es como manzanas de oro en engastes de plata.

Día

167 ○

❧

**Proverbios 4:24**
Aparta de ti las palabras torcidas, y aleja de ti el habla perversa.

Día

168 ○

# ¡Felicidades!

Has completado 56 versículos
para lograr el **objetivo número:**

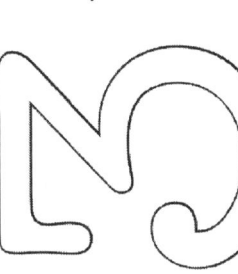

_____
Nombre del niño/a.

_____
Firma del padre/madre

_____
Fecha de complección

**por haber cumplido**

# ¡EL CUARTO OBJETIVO!

Como recompensa por terminar
tu cuarto objetivo de 56 versículos,
haremos lo siguiente:

_____

_____

Pon la fecha en que comenzaron
a trabajar para lograr el objetivo:

_____

# Versículos para la *Semana* 25

**Día**
**169** ✓

**Colosenses 4:6**
Sea vuestra palabra siempre con gracia, sazonada con sal, para que sepáis cómo debéis responder a cada uno.

**Día**
**170**

**Proverbios 10:10**
El que guiña el ojo causa tristeza, y el necio de labios será derribado.

**Día**
**171**

**Proverbios 26:18-19**
Como un loco que arroja teas encendidas, flechas y muerte, 19 así es el hombre que engaña a su prójimo, y dice: ¿Acaso no estaba yo bromeando?

**Día**
**172**

**1 Juan 3:18**
Hijitos, no amemos de palabra ni de lengua, sino de hecho y con veracidad.

**Día**
**173**

**Proverbios 30:5**
Acrisolada es toda palabra de Dios; Él es escudo para los que en Él se refugian.

**Día**
**174**

**Salmos 119:105**
Lámpara es a mis pies Tu palabra y luz a mi senda.

**Día**
**175**

**Salmos 33:6**
Por la palabra de Jehová fueron hechos los cielos, y por el aliento de Su boca, todo el ejército de ellos.

# Versículos para la *Semana* 26

**1 Crónicas 16:34**
Dad gracias a Jehová, porque Él es bueno, porque para siempre es Su benevolencia amorosa.

Día **176** ✓ ○

☙ ─────────────

**Proverbios 17:20**
El de corazón tortuoso no hallará el bien, y el de lengua perversa caerá en el mal.

Día **177** ○

☙ ─────────────

**Éxodo 20:17a**
No codiciarás.

Día **178** ○

☙ ─────────────

**Romanos 13:3b**
¿Quieres no temer la autoridad? Haz lo bueno, y tendrás alabanza de ella.

Día **179** ○

☙ ─────────────

**Romanos 13:5**
Por lo cual es necesario estarle sujetos, no solamente por temor de la ira, sino también por causa de la conciencia.

Día **180** ○

☙ ─────────────

**Romanos 13:7**
Pagad a todos lo que debéis: al que impuesto, impuesto; al que tributo, tributo; al que temor, temor; al que honra, honra.

Día **181** ○

☙ ─────────────

**Proverbios 19:15**
La pereza hace caer en profundo sueño, y el alma ociosa padecerá hambre.

Día **182** ○

# Versículos para la *Semana 27*

✓ **Día**
○ **183**
**Proverbios 19:5**
El testigo falso no quedará sin castigo, y el que profiere mentiras no escapará.

**Día**
○ **184**
**Isaías 29:15**
¡Ay de los que esconden profundamente su consejo de Jehová!, cuyas obras están en tinieblas, y dicen: ¿Quién nos ve? ¿Quién nos conoce?

**Día**
○ **185**
**Isaías 29:16a**
¡Lo volteáis todo boca abajo! ¿Acaso como barro ha de estimarse el alfarero?

**Día**
○ **186**
**Proverbios 26:20**
Por falta de leña se apaga el fuego, y donde no hay susurrador, cesan las contiendas.

**Día**
○ **187**
**Proverbios 24:28b**
Ni engañes con tus labios.

**Día**
○ **188**
**Proverbios 30:32**
Si neciamente te has enaltecido, o has tramado el mal, pon la mano sobre tu boca.

**Día**
○ **189**
**Jacobo 5:12b**
No juréis, ni por el cielo, ni por la tierra, ni por ningún otro juramento; sino que vuestro sí sea sí, y vuestro no sea no, para que no caigáis bajo juicio.

# Versículos para la Semana 28

**Proverbios 20:19**
El que anda de chismoso divulga secretos; por tanto, no te asocies con el que siempre tiene los labios abiertos.

Día **190** ○ ✓

---

**Salmos 46:10**
Estad quietos y sabed que Yo soy Dios. Seré exaltado entre las naciones; seré exaltado sobre la tierra.

Día **191** ○

---

**Proverbios 6:12**
El hombre indigno, el hombre malvado, anda con boca perversa.

Día **192** ○

---

**Proverbios 23:16**
Mis partes internas también exultarán cuando tus labios hablen cosas rectas.

Día **193** ○

---

**Proverbios 27:4**
Cruel es la ira, y abrumadora la cólera, pero ¿quién podrá sostenerse delante de los celos?

Día **194** ○

---

**Jacobo 3:16**
Porque donde hay celos y ambición egoísta, allí hay desorden y toda práctica vil.

Día **195** ○

---

**Salmos 34:13**
Guarda tu lengua del mal, y tus labios de hablar engaño.

Día **196** ○

# Versículos para la *Semana 29*

✓ **Día**
**197**

**Proverbios 12:22**
Los labios mentirosos son abominación a Jehová, pero los que obran fielmente son Su deleite.

**Día**
**198**

**Isaías 64:8**
Ahora, pues, Jehová, Tú eres nuestro Padre; nosotros somos el barro, y Tú, nuestro Alfarero; y obra de Tus manos somos todos nosotros.

**Día**
**199**

**Proverbios 13:3**
Quien vigila su boca, guarda su alma, pero quien mucho abre sus labios, termina en ruina.

**Día**
**200**

**Proverbios 17:27a**
El que refrena sus palabras tiene conocimiento.

**Día**
**201**

**Isaías 30:23a**
Entonces dará Él lluvia a tu semilla, la cual sembrarás en la tierra.

**Día**
**202**

**Éxodo 20:13**
No matarás.

**Día**
**203**

**Isaías 66:2a**
Porque Mi mano hizo todas estas cosas, y así todas ellas llegaron a existir, declara Jehová.

# Versículos para la *Semana 30*

**Isaías 66:2b**

Pero miraré a aquel hombre que es pobre y de espíritu contrito, y que tiembla ante Mi palabra.

Día

**204** ○ ✓

≈

**1 Timoteo 4:12**

Ninguno tenga en poco tu juventud, sino sé modelo para los creyentes en palabra, conducta, amor, fe y pureza.

Día

**205** ○

≈

**Jeremías 1:17b**

No te amedrentes delante de ellos...

Día

**206** ○

≈

**Jeremías 14:22b**

En Ti, pues, esperamos, porque Tú has hecho todas estas cosas.

Día

**207** ○

≈

**Jeremías 18:3**

Entonces descendí a la casa del alfarero, y he aquí, estaba allí trabajando sobre la rueda.

Día

**208** ○

≈

**Jeremías 31:35a**

Así dice Jehová, el que da el sol para luz del día, y las leyes de la luna y de las estrellas para luz de la noche.

Día

**209** ○

≈

**Jeremías 31:35b**

Que agita el mar, de modo que braman sus olas - Jehová de los ejércitos es Su nombre.

Día

**210** ○

# Versículos para la *Semana 31*

✓ **Día**
○ **211**
**Proverbios 24:1**
No tengas envidia de los hombres malos, ni desees estar con ellos.

**Día**
○ **212**
**Proverbios 24:19b**
Ni tengas envidia de los malvados.

**Día**
○ **213**
**Proverbios 23:17**
No tenga tu corazón envidia de los pecadores, antes vive en el temor de Jehová todo el día.

**Día**
○ **214**
**Proverbios 14:7**
Apártate de la presencia del necio, porque en él no percibirás labios de conocimiento.

**Día**
○ **215**
**1 Corintios 15:33**
No os engañéis; las malas compañías corrompen las buenas costumbres.

**Día**
○ **216**
**Proverbios 23:4**
No te afanes por hacerte rico; deja de pensar en ello.

**Día**
○ **217**
**Proverbios 3:19**
Jehová con sabiduría fundó la tierra; afirmó los cielos con entendimiento.

# Versículos para la *Semana 32*

**Salmos 102:25**
Desde antaño fundaste la tierra, y los cielos son obra de Tus manos.

Día
**218** ○ ✓

☙ ─────────────────────────────

**Salmos 90:2**
Antes que nacieran los montes, y dieses a luz la tierra y el mundo, incluso desde la eternidad y hasta la eternidad, Tú eres Dios.

Día
**219** ○

☙ ─────────────────────────────

**Proverbios 16:4a**
Todas las cosas las hizo Jehová para su propio fin.

Día
**220** ○

☙ ─────────────────────────────

**Isaías 44:24a**
Así dice Jehová, que te redimió y te formó desde el vientre.

Día
**221** ○

☙ ─────────────────────────────

**Isaías 44:24b**
Yo soy Jehová, el que lo hace todo; Yo despliego los cielos, Yo solo, extiendo la tierra (¿Quién estaba conmigo?).

Día
**222** ○

☙ ─────────────────────────────

**Isaías 45:18a**
Porque así dice Jehová, que creó los cielos (Él es el Dios que formó la tierra y la hizo).

Día
**223** ○

☙ ─────────────────────────────

**Isaías 45:18b**
(Él la estableció; no la creó como desolación, sino que la formó para que fuera habitada): Yo soy Jehová, y no hay

Día
**224** ○

# ¡Felicidades!

Has completado 56 versículos
para lograr el **objetivo número:**

4

_____
Nombre del niño/a

_____
Firma del padre/madre

_____
Fecha de compleción

La Biblia
así
dice.com

## *Premio Ofrecido*

**por haber cumplido**

# ¡EL QUINTO OBJETIVO!

Como recompensa por terminar
tu quinto objetivo de 56 versículos,
haremos lo siguiente:

_____

_____

Pon la fecha en que comenzaron
a trabajar para lograr el objetivo:

_____

# Versículos para la *Semana 33*

✓ **Día**
○ **225**

**Proverbios 22:9a**
El generoso será bendito.

**Día**
○ **226**

**Proverbios 29:24a**
El cómplice del ladrón aborrece su propia alma.

**Día**
○ **227**

**Efesios 4:28**
El que hurta, no hurte más, sino fatíguese trabajando con sus propias manos en algo decente, para que tenga qué compartir con el que padece necesidad.

**Día**
○ **228**

**Proverbios 3:31**
No envidies al hombre violento ni escojas ninguno de sus caminos.

**Día**
○ **229**

**Proverbios 3:12**
Porque Jehová al que ama, disciplina, como el padre al hijo en quien se deleita.

**Día**
○ **230**

**Mateo 7:3**
¿Y por qué miras la paja que está en el ojo de tu hermano, pero no consideras la viga que está en tu propio ojo?

**Día**
○ **231**

**Proverbios 30:8**
Aleja de mí la falsedad y las mentiras. No me des pobreza ni riquezas; dame a comer el pan que es mi porción.

# Versículos para la *Semana 34*

**Proverbios 27:2a**
Que te alabe otro, y no tu propia boca.

Día
**232** ○ ✓

❧

**Proverbios 4:23**
Guarda tu corazón con toda vigilancia, porque de él brotan los manantiales de la vida.

Día
**233** ○

❧

**Salmos 138:1a**
Te daré gracias con todo mi corazón.

Día
**234** ○

❧

**Salmos 15:2**
El que anda en integridad, hace justicia y de su corazón habla la verdad.

Día
**235** ○

❧

**Salmos 90:12**
Enséñanos, pues, a contar nuestros días para que adquiramos un corazón de sabiduría.

Día
**236** ○

❧

**2 Tesalonicenses 3:13**
Y vosotros, hermanos, no os desaniméis al hacer bien.

Día
**237** ○

❧

**Proverbios 21:2**
Todo camino del hombre es recto ante sus propios ojos; pero Jehová pesa los corazones.

Día
**238** ○

# Versículos para la *Semana 35*

✓ **Día 239**
**Proverbios 16:5**
Abominación es a Jehová todo altivo de corazón, ten por seguro: no quedará impune.

**Día 240**
**Éxodo 20:17a**
No codiciarás.

**Día 241**
**Proverbios 17:20b**
Y el de lengua perversa caerá en el mal.

**Día 242**
**Proverbios 23:12**
Aplica tu corazón a la instrucción, y tus oídos a las palabras del conocimiento.

**Día 243**
**Gálatas 6:7**
No os engañéis; Dios no puede ser burlado: pues todo lo que el hombre siembre, eso también segará.

**Día 244**
**Proverbios 28:14**
Bienaventurado el hombre que siempre teme, mas el que endurece su corazón caerá en la calamidad.

**Día 245**
**Proverbios 3:3**
Que no te abandonen la benevolencia amorosa y la verdad: átalas a tu cuello, escríbelas en la tabla de tu corazón.

# Versículos para la *Semana 36*

**Salmos 138:1a**

Día
**246** ✓ ○

Te daré gracias con todo mi corazón.

&~

**Proverbios 31:30**

Día
**247** ○

Engañosa es la gracia, y vana la hermosura, pero la mujer que teme a Jehová, ella será alabada.

&~

**Proverbios 4:14-15**

Día
**248** ○

No entres en la senda de los malvados, ni andes por el camino de los malos. ¹⁵ Evítala, no pases por ella; apártate de ella y pasa adelante.

&~

**Salmos 10:3a**

Día
**249** ○

Porque el malvado se jacta del deseo de su alma.

&~

**Proverbios 7:4**

Día
**250** ○

Dile a la sabiduría: Tú eres mi hermana, y llama al entendimiento tu íntimo amigo.

&~

**Proverbios 8:17**

Día
**251** ○

Yo amo a los que me aman, y los que con diligencia me buscan me hallarán.

&~

**Eclesiastés 3:1**

Día
**252** ○

Todo tiene su tiempo, y todo propósito bajo el cielo tiene su hora.

# Versículos para la *Semana 37*

✓ **Día 253**
**Salmos 119:1**
Bienaventurados aquellos cuyo camino es perfecto, que andan en la ley de Jehová.

○ **Día 254**
**Proverbios 22:2**
El rico y el pobre tienen esto en común: Hacedor de todos ellos es Jehová.

○ **Día 255**
**Proverbios 29:13**
El pobre y el opresor tienen esto en común: Jehová alumbra los ojos de ambos.

○ **Día 256**
**Proverbios 20:12**
El oído que oye, y el ojo que ve, ambos los ha hecho Jehová.

○ **Día 257**
**Salmos 112:1**
¡Aleluya! Bendito el hombre que teme a Jehová, que en Sus mandamientos se deleita en gran manera.

○ **Día 258**
**Salmos 118:24**
Éste es el día que Jehová ha hecho; exultemos y regocijémonos en él.

○ **Día 259**
**Proverbios 9:10**
El temor de Jehová es el principio de la sabiduría, y el conocimiento del Santo es el entendimiento.

# Versículos para la *Semana* 38

**Salmos 1:6**

Día

**260** ○ ✓

Porque Jehová conoce el camino de los justos, pero el camino de los malvados perecerá.

❧

**Salmos 103:13**

Día

**261** ○

Como se compadece el padre de sus hijos, así se compadece Jehová de los que le temen.

❧

**Salmos 77:20**

Día

**262** ○

Condujiste a Tu pueblo como rebaño por mano de Moisés y de Aarón.

❧

**Proverbios 14:5**

Día

**263** ○

El testigo fiel no mentirá, mas el testigo falso habla mentiras.

❧

**Salmos 150:6**

Día

**264** ○

Todo lo que tenga aliento alabe a Jehová. ¡Aleluya!

❧

**Rut 1:16b**

Día

**265** ○

Porque a dondequiera que tú vayas, iré yo, y dondequiera que tú habites, habitaré yo; y tu pueblo será mi pueblo, y tu Dios mi Dios.

❧

**Proverbios 16:6b**

Día

**266** ○

Y con el temor de Jehová los hombres se apartan del mal.

# Versículos para la *Semana 39*

✓ **Día**
**267**

**Salmos 58:3**
Desde la matriz se extravían los malvados;
se descarrían desde su nacimiento,
hablando mentiras.

**Día**
**268**

**Efesios 4:25a**
Por lo cual, desechando la mentira, hablad
verdad cada uno con su prójimo.

**Día**
**269**

**Proverbios 20:17**
Sabroso es al hombre el pan de falsedad;
pero después su boca se llena de cascajo.

**Día**
**270**

**Proverbios 23:20a**
No te juntes con los que se emborrachan
con vino.

**Día**
**271**

**Proverbios 23:21a**
Porque el borracho y el glotón
empobrecerán.

**Día**
**272**

**Proverbios 20:1**
El vino es un burlón, la bebida
embriagante es alborotadora, y todo aquel
que yerre por ello no llegará a sabio.

**Día**
**273**

**Romanos 13:1**
Sométase toda persona a las autoridades
superiores; porque no hay autoridad sino
de parte de Dios, y las que hay, por Dios
han sido establecidas.

# Versículos para la *Semana 40*

**Salmos 37:37**

Observa al perfecto, y mira al recto; pues el hombre de paz tiene un porvenir.

Día **274** ○ ✓

---

**Proverbios 21:8**

El camino del culpable es torcido, mas la obra del puro es recta.

Día **275** ○

---

**Proverbios 11:27**

El que con diligencia busca el bien, busca el favor, pero al que busca el mal, el mal le sobrevendrá.

Día **276** ○

---

**Colosenses 3:20**

Hijos, obedeced a vuestros padres en todo, porque esto es grato en el Señor.

Día **277** ○

---

**Jueces 2:17b**

Se apartaron pronto del camino en que anduvieron sus padres, que habían obedecido los mandamientos de Jehová; pero ellos no hicieron así.

Día **278** ○

---

**Hebreos 13:16**

Y de hacer bien y de la ayuda mutua no os olvidéis; porque de tales sacrificios se agrada Dios.

Día **279** ○

---

**Proverbios 4:13a**

Aférrate a la instrucción, y no la dejes.

Día **280** ○

# ¡Felicidades!

## Has completado 56 versículos para lograr el **objetivo número:**

_____
Fecha de compleción

_____
Nombre del niño/a

_____
Firma del padre/madre

## *Premio Ofrecido*

**por haber cumplido**
# ¡EL SEXTO OBJETIVO!

Como recompensa por terminar
tu sexto objetivo de 56 versículos,
haremos lo siguiente:

_____

_____

Pon la fecha en que comenzaron
a trabajar para lograr el objetivo:

_____

# Versículos para la *Semana 41*

✓ **Día**
**○ 281**

**Proverbios 4:18**
Mas la senda de los justos es como la luz de la aurora, cuyo resplandor va en aumento hasta llegar a pleno día.

**Día**
**○ 282**

**Proverbios 5:21**
Porque los caminos del hombre están ante los ojos de Jehová, y Él sopesa todas sus sendas.

**Día**
**○ 283**

**Proverbios 12:11**
El que labra su tierra tendrá abundancia de pan, mas el que persigue naderías carece de buen juicio.

**Día**
**○ 284**

**Proverbios 23:24**
Exultará mucho el padre del justo, y el que engendra niño sabio se regocijará en él.

**Día**
**○ 285**

**1 Tesalonicenses 4:9b**
Porque de Dios vosotros mismos habéis sido enseñados cómo habéis de amaros unos a otros.

**Día**
**○ 286**

**1 Tesalonicenses 5:15**
Mirad que ninguno pague a otro mal por mal; antes seguid siempre lo bueno unos para con otros, y para con todos.

**Día**
**○ 287**

**2 Timoteo 3:2**
Porque los hombres serán amadores de sí mismos, amadores del dinero, vanagloriosos, soberbios, injuriadores, desobedientes a los padres, ingratos,

# Versículos para la Semana 42

**3 Juan 4**
No tengo yo mayor gozo que éste, el oír que mis hijos andan en la verdad.

Día
**288** ○ ✓

❧
**Deuteronomio 16:17**
Cada uno dará según pueda, conforme a la bendición que Jehová tu Dios te haya dado.

Día
**289** ○

❧
**Eclesiastés 12:14**
Pues Dios traerá toda obra a juicio, juntamente con toda cosa oculta, sea buena o sea mala.

Día
**290** ○

❧
**Eclesiastés 12:1a**
Acuérdate, pues, de tu Creador en los días de tu juventud.

Día
**291** ○

❧
**Eclesiastés 4:12**
Y si alguno prevalece contra uno, dos le resistirán; y un cordel de tres hilos no se rompe pronto.

Día
**292** ○

❧
**Proverbios 24:8**
Al que maquina hacer el mal, lo llamarán forjador de intrigas.

Día
**293** ○

❧
**Proverbios 25:27**
Comer mucha miel no es bueno, ni es gloria buscar la propia gloria.

Día
**294** ○

# Versículos para la *Semana 43*

○ ✓ Día **295**
**Proverbios 27:18**
Quien cuida la higuera comerá su fruto, y el que atiende a su amo será honrado.

○ Día **296**
**Proverbios 28:13**
El que encubre sus transgresiones no prosperará, mas el que las confiesa y las abandona obtendrá misericordia.

○ Día **297**
**Proverbios 28:18**
El que anda en integridad será librado, mas el de perversos caminos caerá de repente.

○ Día **298**
**Proverbios 28:19**
El que labra su tierra tendrá abundancia de pan, mas el que persigue naderías abundará en pobreza.

○ Día **299**
**Proverbios 28:20a**
El hombre fiel abundará en bendiciones.

○ Día **300**
**Tito 2:7a**
Presentándote tú en todo como ejemplo de buenas obras.

○ Día **301**
**Proverbios 29:1**
El hombre que después de mucha reprensión endurece la cerviz, de repente será quebrantado sin remedio.

# Versículos para la *Semana* 44

**Proverbios 3:20**
Con Su conocimiento fueron hendidos los abismos, y destilan rocío los cielos.

Día
302 ○ ✓

---

**Proverbios 3:34b**
Mas a los humildes da gracia.

Día
303 ○

---

**Salmos 145:9**
Bueno es Jehová para con todos, y Sus compasiones sobre todas Sus obras.

Día
304 ○

---

**Mateo 18:10**
Mirad que no menospreciéis a uno de estos pequeños; porque os digo que sus ángeles en los cielos ven siempre el rostro de Mi Padre que está en los cielos.

Día
305 ○

---

**Mateo 28:20**
Enseñándoles que guarden todo cuanto os he mandado; y he aquí, Yo estoy con vosotros todos los días, hasta la consumación del siglo.

Día
306 ○

---

**Mateo 4:4b**
"No sólo de pan vivirá el hombre, sino de toda palabra que sale de la boca de Dios".

Día
307 ○

---

**1 Samuel 1:27**
Por este niño oraba, y Jehová me concedió lo que le pedí.

Día
308 ○

# Versículos para la *Semana* 45

☑ **Día**
**309**

**Levítico 25:17**
Y no os maltrataréis uno a otro, sino que temeréis a vuestro Dios, pues Yo soy Jehová vuestro Dios.

○ **Día**
**310**

**Proverbios 10:16**
El salario del justo es para vida; la ganancia del malvado, para pecado.

○ **Día**
**311**

**Proverbios 10:17**
El que atiende a la instrucción está en la senda de la vida, pero el que abandona la reprensión, yerra.

○ **Día**
**312**

**1 Timoteo 6:10a**
Porque raíz de todos los males es el amor al dinero.

○ **Día**
**313**

**Proverbios 11:27**
El que con diligencia busca el bien, busca el favor, pero al que busca el mal, el mal le sobrevendrá.

○ **Día**
**314**

**Éxodo 20:4a**
No te harás ídolo.

○ **Día**
**315**

**Proverbios 10:5**
El que recoge en el verano es hijo prudente, mas el que duerme en tiempo de siega es hijo que avergüenza.

# Versículos para la *Semana* 46

**2 Reyes 22:1a**

Josías tenía ocho años cuando comenzó a reinar, y reinó en Jerusalén treinta y un años.

Día **316** ○ ✓

&

**2 Reyes 22:2**

[Josías] hizo lo recto ante los ojos de Jehová y anduvo en todo el camino de David, su padre, sin apartarse a la derecha ni a la izquierda.

Día **317** ○

&

**2 Reyes 23:25**

No hubo antes de él [Josías] un rey que se volviera a Jehová con todo su corazón, con toda su alma y con todas sus fuerzas, conforme a toda la ley de Moisés; y después de él no surgió otro igual.

Día **318** ○

&

**Proverbios 13:11**

Las riquezas obtenidas con vanidad disminuirán, pero el que recoge con labor las aumenta.

Día **319** ○

&

**Proverbios 14:15**

El simple cree toda palabra, mas el prudente mira bien sus pasos.

Día **320** ○

&

**Filipenses 1:9**

Y esto pido en oración, que vuestro amor abunde aún más y más en pleno conocimiento y en todo discernimiento.

Día **321** ○

&

**Proverbios 14:31**

El que oprime al pobre vitupera a su Hacedor, mas el que se muestra bondadoso para con los menesterosos, lo honra.

Día **322** ○

# Versículos para la *Semana 47*

✓ Día
○ **323**
**Proverbios 14:9b**
Mas entre los rectos hay buena voluntad.

Día
○ **324**
**Proverbios 15:16**
Mejor es lo poco con el temor de Jehová, que gran tesoro y turbación con él.

Día
○ **325**
**Efesios 6:2-3**
"Honra a tu padre y a tu madre, que es el primer mandamiento con promesa; ³ Para que te vaya bien, y seas de larga vida sobre la tierra".

Día
○ **326**
**Lucas 2:51a**
Y [Jesús] descendió con [sus padres], y fue a Nazaret, y estaba sujeto a ellos.

Día
○ **327**
**Lucas 2:52**
Y Jesús progresaba en sabiduría y en estatura, y en la gracia manifestada en Él delante de Dios y de los hombres.

Día
○ **328**
**Proverbios 17:17**
En todo tiempo ama el amigo, y el hermano nace para el tiempo de adversidad.

Día
○ **329**
**Proverbios 15:17**
Mejor es comida de legumbres donde hay amor, que buey engordado donde hay odio.

# Versículos para la *Semana 48*

**Daniel 1:8a** — Día **330** ○ ✓

Pero Daniel se propuso en su corazón no contaminarse.

❧ ───────────────────

**Daniel 1:19b** — Día **331** ○

Y de entre todos ellos no se halló ninguno como Daniel, Ananías, Misael y Azarías; así, pues, permanecieron en presencia del rey.

❧ ───────────────────

**Daniel 2:14a** — Día **332** ○

Entonces Daniel respondió avisadamente y con discreción.

❧ ───────────────────

**Daniel 2:28a** — Día **333** ○

Pero hay un Dios en los cielos que revela los misterios.

❧ ───────────────────

**Proverbios 18:17** — Día **334** ○

Justo parece el primero que aboga por su causa hasta que llega su prójimo y lo examina.

❧ ───────────────────

**Efesios 4:26b** — Día **335** ○

No se ponga el sol sobre vuestra indignación.

❧ ───────────────────

**Proverbios 18:19** — Día **336** ○

El hermano ofendido es más difícil de ganar que una ciudad fuerte, y los pleitos son como los cerrojos del castillo.

# ¡Felicidades!

**Has completado 56 versículos para lograr el objetivo número:**

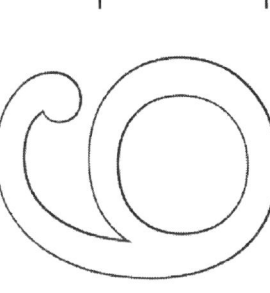

_____
Nombre del niño/a.

_____
Firma del padre/madre

_____
Fecha de compleción

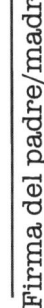

**Premio**

**Ofrecido**

**por haber cumplido**

# ¡LOS 365 VERSÍCULOS!

Como recompensa por haber logrado
tu objetivo final de leer los últimos 29
versículos y completar todo el libro,
haremos lo siguiente:

_____

Pon la fecha en que comenzaron
a trabajar para lograr el objetivo:

_____

# Versículos para la *Semana 49*

✓ **Día**
○ **337**

**Proverbios 31:10**
Mujer virtuosa, ¿quién la hallará? Porque su valor sobrepasa largamente al de los corales.

**Día**
○ **338**

**Proverbios 31:16**
Considera un campo, y lo compra; con el fruto de sus manos planta una viña.

**Día**
○ **339**

**Proverbios 31:18**
Examina su mercancía para asegurarse de que es buena; su lámpara no se apaga de noche.

**Día**
○ **340**

**Proverbios 31:25**
Fuerza y dignidad son sus vestiduras, y mira con optimismo el porvenir.

**Día**
○ **341**

**Proverbios 31:26**
Abre su boca con sabiduría, y la ley de bondad está en su lengua.

**Día**
○ **342**

**Proverbios 31:27**
Vigila la marcha de los de su casa, y no come el pan de la ociosidad.

**Día**
○ **343**

**Proverbios 31:28-29**
Se levantan sus hijos y la llaman bienaventurada; también su marido, y la alaba diciendo: 29 Muchas hijas han obrado con virtud, mas tú las superas a todas.

# Versículos para la *Semana 50*

**Efesios 4:29a**
Ninguna palabra corrompida salga de vuestra boca.

Día
**344** ○
✓

~~~

**Proverbios 19:18a**
Disciplina a tu hijo, porque hay esperanza.

Día
**345** ○

~~~

**Proverbios 19:20**
Escucha el consejo y acepta la instrucción, para que llegues a ser sabio en tus últimos días.

Día
**346** ○

~~~

**Proverbios 19:22**
Lo que es deseable en un hombre es su bondad, y mejor es el pobre que el mentiroso.

Día
**347** ○

~~~

**Proverbios 19:23a**
El temor de Jehová conduce a la vida.

Día
**348** ○

~~~

**Proverbios 20:3**
Honra es del hombre apartarse de la contienda, pero todo necio se mete precipitadamente en ella.

Día
**349** ○

~~~

**Filipenses 2:4**
No considerando cada uno sus propias virtudes, sino cada cual también las virtudes de los otros.

Día
**350** ○

# Versículos para la *Semana* 51

✓ **Día**
○ **351**   **Filipenses 2:14**
Haced todo sin murmuraciones y argumentos.

**Día**
○ **352**   **Proverbios 23:22**
Escucha a tu padre, que te engendró, y no menosprecies a tu madre cuando envejezca.

**Día**
○ **353**   **Proverbios 23:23**
Compra la verdad, y no la vendas; compra la sabiduría, la instrucción y el entendimiento.

**Día**
○ **354**   **Salmos 23:1**
Jehová es mi Pastor; nada me faltará.

**Día**
○ **355**   **Proverbios 3:6**
Reconócele en todos tus caminos, y Él enderezará tus sendas.

**Día**
○ **356**   **Proverbios 30:25**
Las hormigas son un pueblo que no es fuerte, pero en el verano preparan su comida.

**Día**
○ **357**   **Salmos 13:6**
Cantaré a Jehová, porque me ha colmado de bien.

# Versículos para la *Semana* 52

**Salmos 145:9**

Bueno es Jehová para con todos, y Sus compasiones sobre todas Sus obras.

Día
358 ○ ✓

ॐ

**Salmos 19:1**

Los cielos proclaman la gloria de Dios, y la expansión anuncia la obra de Sus manos.

Día
359 ○

ॐ

**Salmos 34:11**

Venid, hijos, oídme. Os enseñaré el temor de Jehová.

Día
360 ○

ॐ

**Salmos 22:3**

Pero Tú eres santo, Tú que te sientas entronizado sobre las alabanzas de Israel.

Día
361 ○

ॐ

**Salmos 22:9**

Pero eres Tú quien me sacó del vientre, quien me hizo confiar estando a los pechos de mi madre.

Día
362 ○

ॐ

**Mateo 22:37-38**

Jesús le dijo: "Amarás al Señor tu Dios con todo tu corazón, y con toda tu alma, y con toda tu mente." [38] Éste es el grande y primer mandamiento.

Día
363 ○

ॐ

**Mateo 22:39**

Y el segundo es semejante: "Amarás a tu prójimo como a ti mismo".

Día
364 ○

# Día
# 365

**2 Timoteo 3:15a**

Y que desde la niñez
has sabido
las Sagradas Escrituras.

❧ _____ ❧

**¡365**
**versículos!**

¡Felicidades!

Has completado los

**365**

versículos para nivel uno.

Nombre del niño/a

Fecha de compleción

Firma del padre/madre

La Biblia dice así.com

Para más libros,
videos, canciones
y manualidades,
visítenos en línea en
LaBibliadiceasi.com

**¡Crecemos basados en la Biblia!**

Made in the USA
Columbia, SC
07 January 2024

30041861R00048